30 recettes en 30 minutes

Cuisinez avec les herbes pour vos enfants

Natalie Richard

Les Éditions Goélette

Graphisme : Julie Jodoin Rodriguez
Révision, correction : Corinne Danheux, Geneviève Rouleau
Photographies des recettes : André Rozon
Stylisme culinaire : Natalie Richard et André Rozon

Crédits photos : Istockphoto (p.25, 28, 32, 36, 45, 48, 50, 55, 58, 76 et 86)

© Éditions Goélette, Natalie Richard, 2010

Dépôt légal : 2e trimestre 2010
Bibliothèque et Archives nationales du Québec
Bibliothèque nationale du Canada

Les Éditions Goélette bénéficient du soutien financier de la SODEC pour son programme d'aide à l'édition et à la promotion.

Nous remercions le gouvernement du Québec de l'aide financière accordée par l'entremise du Programme de crédit d'impôt pour l'édition de livres, administré par la SODEC.

Imprimé en Chine

ISBN : 978-2-89638-631-4

Ce livre est pour tous les enfants, puissiez–vous toujours manger santé, dans le plaisir et à satiété !

À ma fille Dahlia,
c'est grâce à toi et c'est pour toi que j'ai découvert le merveilleux royaume des herbes et que j'ai écrit ce livre. Je te souhaite d'avoir autant de plaisir à cuisiner dans la vie que ta maman.

À mes premiers goûteurs, Babou–Baba,
qui m'ont appris que les enfants ne goûtaient pas comme les adultes.

À ma mère, Jocelyne,
qui m'a toujours encouragée dans tous mes projets et mes aventures, même les plus surprenantes et qui m'a toujours laissée libre de créer, de m'exprimer et d'expérimenter à ma guise dans la cuisine familiale.

À mon père, Clément
pour m'avoir transmis le plaisir des mots et de la communication, de même qu'un sens irréprochable des valeurs.

TABLE DES MATIÈRES

 PRÉFACE

Il faut connaître Natalie Richard pour savoir de quoi elle est capable. C'est une femme souriante et sensuelle que je compare souvent à Nigella Lawson, la reine des ondes gourmandes.

Qu'elle écrive un livre de cuisine pour les enfants m'a semblé tout à fait naturel et dans ses cordes : elle les chérit tant ! Il suffit de voir la complicité qu'elle a avec sa fille pour comprendre sa motivation et, surtout, son inspiration.

Ce livre contient des recettes simples, savoureuses et évidemment pleines de charme, totalement à l'image de Natalie. Bien entendu, grâce à sa formation d'herboriste, cette gentille sorcière fait de la magie blanche pour les tout-petits, et même pour les grands, en associant épices, herbes et aliments variés, toujours avec l'intention de les garder en bonne santé en prévenant ou même en guérissant certains maux.

Il y a des gens que l'on croise dans notre vie et qui marquent notre existence, des gens comme Natalie qui célèbrent la vie tous les jours en prenant soin des autres. Natalie est une maman avant tout, elle a un cœur gros comme l'univers, on le sent dans ses recettes et dans son désir de faire plaisir en mijotant des petits plats remplis de soleil et de bonté... En plus, elle a choisi de donner généreusement une partie des ventes de son livre à un organisme qui vient en aide aux enfants, le Garde-Manger Pour Tous.

Bravo, Natalie !

Un de tes admirateurs, Daniel Vézina

REMERCIEMENTS

Je tiens à remercier Alain Delorme pour son amitié et sa confiance. Merci à Ingrid Remazeilles pour son professionnalisme, sa patience et son enthousiasme à l'égard de ce projet.

Merci à Daniel Vézina pour son amitié, son soutien et ses précieux conseils de chef!

Merci à Dahlia et à ses amis, Samuel, Béatrice, Marilie, Alexandre, Tristan et les autres goûteurs, pour leurs joyeuses papilles et leur collaboration créative ; puis aux mamans et aux papas, Tara, Annie, Nathalie, Joane et Patrice pour avoir partagé leurs astuces et leurs recettes…

Je remercie mon mentor, Danièle Laberge, pour son amitié, son appui et sa façon de communiquer ses connaissances avec tant de générosité.

Merci à Natacha Imbeault pour tous ses enseignements concernant les soins aux enfants.

Merci à Céline Arsenault pour son merveilleux travail auprès des enfants et pour sa précieuse collaboration en relecture.

Merci à Tara Johns, my sister, pour son soutien en écriture et en création pendant toutes ces années. I love you!

Merci à Annie Poupore pour sa présence, son implication et son amitié inconditionnelle.

Merci à ma grande famille pour leur amour et leur soutien infini.

Merci Jeanne pour toute l'inspiration que j'ai pu trouver dans ta cuisine toujours réconfortante et délicieuse.

Et merci à ma grand-mère, Alice, qui avait, à mes yeux d'enfant, le plus grand jardin du monde. J'y ai passé des heures à explorer et à goûter toutes les herbes et les délices du potager, selon les saisons.

INTRODUCTION

L'esprit qui anime ce livre est celui de la simplicité et du
plaisir de cuisiner pour nos enfants afin de partager avec eux
le moment privilégié du repas. Je l'ai écrit pour les mamans
et les papas d'aujourd'hui qui ne trouvent pas toujours les
ressources ou le temps de cuisiner pour leurs enfants dans
la folie du quotidien.

Ce livre contient 30 recettes rapides et faciles à réaliser
qui ont toutes été conçues selon les goûts des enfants et
choisies par eux comme étant leurs préférées. C'est un
concept clés en main, où vous trouverez des idées de menus
pour deux semaines, ainsi que la liste d'épicerie de base qui
les accompagne. Toutes les recettes donnent de trois à quatre
portions, selon les appétits, et sont réalisables en 30 minutes
ou moins. Elles comprennent également les herbes de nos
jardins qui, chacune à leur façon, contribuent à fortifier notre
système immunitaire, donc à prévenir la maladie.

Nos enfants sont très réceptifs aux propriétés de ces herbes
et en les intégrant dans leur alimentation à un jeune âge, on
s'assure qu'elles seront leurs alliées toute leur vie durant.

Si bien nourrir son enfant est un défi de tous les jours,
contribuer à son bien—être et à sa santé est le travail de
toute une vie.

IDÉES DE MENU

	Soupes et potages	Plats principaux	
Lundi		Roues de tracteur p.49	
Mardi		Côtelettes caramélisées et riz d'Annie p.44	
Mercredi	Soupe aux longues nouilles p.22		
Jeudi	Potage petit lapin aux carottes p.31	Saumon à l'érable de Nath p.46	
Vendredi		Monsieur pizza p.38	
Samedi		Macaroni au fromage p.52	
Dimanche	Tom Tom soupe p.29	Poulet rôti du dimanche p.66	

SEMAINE 1

Les à-côtés	Collations	Desserts
Légumes verts vapeur	Crudités et trempette rose p.71	Pêches Dahlia p.82
Maïs en épi (en saison) et haricots verts	Houmous, mini-pitas et crudités p.72	Sorbet aux petits fruits à la menthe p.83
	Edamames à la fleur de sel p.75	Quartiers d'orange et de cantaloup
Pois mange-tout et riz basmati		Fraises au chocolat p.84
	Céleri au fromage à la crème p.76	Coupe de petits fruits au sirop d'érable
	Super crudités : carottes, betteraves et brocoli	Tranches de mangue et bleuets
	Popcorn au curcuma p.74	Croustade aux pommes de mamie Jeanne p.78

IDÉES DE MENU

	Soupes et potages	Plats principaux	
Lundi		Vol–au–vent p.59	
Mardi		Spaghettini boulettes p.40	
Mercredi	Potage patati–patata p.26	Mini–quiches sans croûte p.60	
Jeudi		Croco–tini Tara p.56	
Vendredi	Soupe magiemots p.33	Délicieuses quesadillas p.51	
Samedi		Riz aux six trésors p.62	
Dimanche	Soupe d'étoiles filantes p.34	Macaroni au gratin p.54	

SEMAINE 2

Les à-côtés	Collations	Desserts
	Crudités et trempette rose p.71	Tranches d'ananas et mûres
Légumes verts vapour	Céleri au fromage à la crème p.76	Fraises et kiwis aux amandes
Tranches de tomate et de concombre		Coupe de petits fruits au sirop d'érable
	Houmous et crudités p.72	Fondue au chocolat p.81
Asperges vapeur		Pommes vertes en tranches et bleuets
Tomates cerises	Edamames à la fleur de sel p.75	Crème de marrons aux fruits frais p.86
Carottes et brocoli vapeur		Tranches de poire et chocolat noir

LISTE D'ÉPICERIE

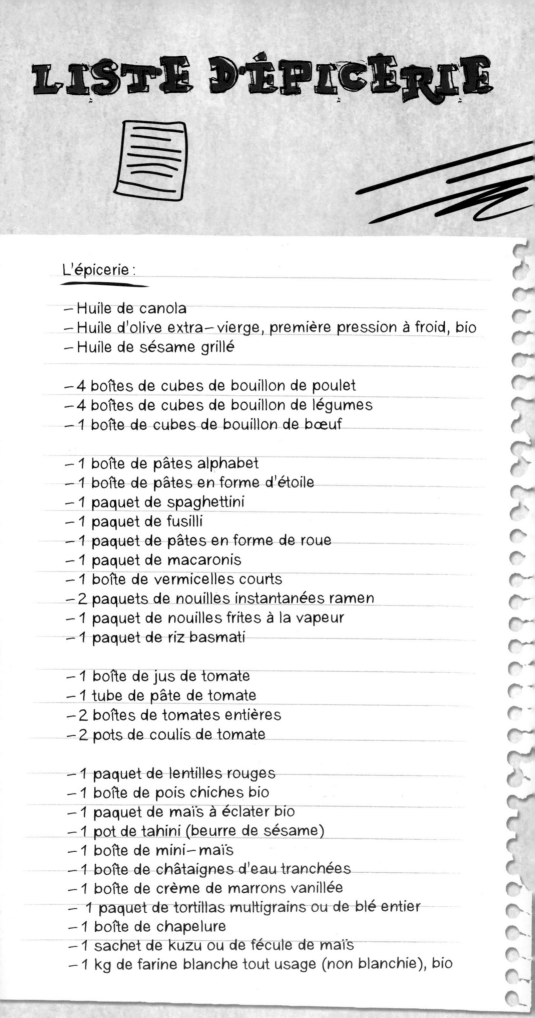

L'épicerie :

- Huile de canola
- Huile d'olive extra-vierge, première pression à froid, bio
- Huile de sésame grillé

- 4 boîtes de cubes de bouillon de poulet
- 4 boîtes de cubes de bouillon de légumes
- 1 boîte de cubes de bouillon de bœuf

- 1 boîte de pâtes alphabet
- 1 boîte de pâtes en forme d'étoile
- 1 paquet de spaghettini
- 1 paquet de fusilli
- 1 paquet de pâtes en forme de roue
- 1 paquet de macaronis
- 1 boîte de vermicelles courts
- 2 paquets de nouilles instantanées ramen
- 1 paquet de nouilles frites à la vapeur
- 1 paquet de riz basmati

- 1 boîte de jus de tomate
- 1 tube de pâte de tomate
- 2 boîtes de tomates entières
- 2 pots de coulis de tomate

- 1 paquet de lentilles rouges
- 1 boîte de pois chiches bio
- 1 paquet de maïs à éclater bio
- 1 pot de tahini (beurre de sésame)
- 1 boîte de mini-maïs
- 1 boîte de châtaignes d'eau tranchées
- 1 boîte de crème de marrons vanillée
- 1 paquet de tortillas multigrains ou de blé entier
- 1 boîte de chapelure
- 1 sachet de kuzu ou de fécule de maïs
- 1 kg de farine blanche tout usage (non blanchie), bio

- 500 g (4 tasses) de flocons d'avoine entière, bio
- 1 plaque de chocolat noir, 70 % ou plus
- 1 paquet de sucre brut, non raffiné

- 1 bouteille de sauce tamari légère
- 1 pot de moutarde de Dijon
- 1 pot de miel bio
- 1 boîte de sirop d'érable
- 1 pot de sauce à la menthe
- 1 pot de mayonnaise bio
- 1 boîte de sacs de plastique avec fermeture à glissière

Les produits laitiers :

- 2 l de lait 1 % bio
- 2 pots de crème 35 %
- 1 sachet de fromage cheddar râpé
- 1 sachet de fromage mozzarella ou romano râpé
- 1 sachet de fromage gruyère râpé
- 1 bloc de fromage parmesan Reggiano
- 1 plaque de beurre doux
- 1 douzaine d'œufs bio
- 1 pot de yogourt nature
- 1 pot de fromage à la crème

Les légumes :

- ail
- 1 sac d'oignons
- 1 oignon espagnol
- 1 pied de céleri
- 1 sac de carottes
- 1 douzaine de tomates
- 1 poivron rouge
- 1 paquet de champignons shiitake

- 1 brocoli
- 1 botte d'oignons verts
- 1 poireau
- 1 courgette jaune
- 1 sac de pommes de terre moyennes
- 1 petite patate douce
- 1 betterave moyenne
- 4 épis de maïs (en saison)
- 1 chou
- 1 paquet de haricots verts
- 1 paquet de bok choy
- 1 paquet d'épinards

Les herbes et les épices :

- thym
- basilic
- ciboulette
- persil italien
- sauge
- sarriette
- estragon
- romarin
- menthe
- aneth
- coriandre fraîche
- coriandre moulue
- origan
- curcuma
- paprika
- muscade
- racine de gingembre
- fleur de sel
- sel de mer
- poivre en grains

Les noix :

– amandes émincées
– graines de sésame crues et non décortiquées
– noix d'acajou

Les fruits :

– 1 citron
– 12 pommes
– 1 casseau de fraises, de framboises, de bleuets et de
   mûres (selon les saisons)
– fruits (pêches, ananas, oranges, cantaloups, mangues,
   poires, etc.), au goût

Les produits congelés :

– 1 sac de petits pois
– 2 sacs d'edamames bio
– 1 paquet de bœuf tranché mince (style fondue chinoise)
– 1 sac de crevettes cuites (moyennes ou grosses)
– 1 sac de petits fruits

Les viandes :

– 1 poulet bio
– 2 poitrines de poulet bio
– 12 tranches de saucisson au choix
   (si possible sans sulfites)
– 450 g (1 lb) d'un mélange de viande d'agneau, de veau et
   de porc hachée
– 12 à 16 côtelettes d'agneau
– 4 tranches de jambon cuit

<u>Le poisson :</u>

– 400 g de filet de saumon sauvage

<u>La liste d'accessoires :</u>

– 1 moulin à poivre
– 1 bon couteau de chef
– 1 petit couteau
– 1 économe
– 1 râpe à fromage
– des cuillères de bois
– 1 planche de bois
– 1 emporte-pièce en forme d'étoile
– 1 moule à muffins (12)

SOUPES ET POTAGES

SOUPE AUX LONGUES NOUILLES

- 1 l (4 tasses) de bouillon de bœuf
- 1 oignon coupé en rondelles
- 1 branche de céleri coupée en biseau
- 1 carotte coupée en biseau
- 6 shiitakes coupés en lanières
- 8 petites fleurs de brocoli
- 12 tranches de bœuf (style fondue chinoise)
- 2 paquets de nouilles instantanées ramen
  (ne pas utiliser le sachet de bouillon)
- 30 ml (2 c. à soupe) de tamari
- Quelques gouttes d'huile de sésame grillé
- 15 ml (1 c. à soupe) de nouilles frites à la vapeur
- 1 pincée d'oignon vert en rondelles
- Quelques feuilles de coriandre émincées

1. Dans une casserole, verser le bouillon de bœuf et porter à ébullition.

2. Ajouter tous les légumes, sauf le brocoli, et laisser cuire à feu moyen pendant 10 minutes.

3. Ajouter le brocoli, les tranches de bœuf et les nouilles et laisser mijoter encore 5 minutes.

4. Éteindre le feu, ajouter le tamari et l'huile de sésame grillé.

5. Servir la soupe, garnie de nouilles frites à la vapeur, d'une pincée de rondelles d'oignon vert et de feuilles de coriandre émincées.

✳Note : N'hésitez pas à varier les légumes selon le goût de vos enfants.

En Asie, les shiitakes sont reconnus depuis longtemps pour stimuler l'immunité et assurer la longévité.
Ils préviennent le cancer, abaissent la pression et le taux de cholestérol, ce qui, à long terme, protège le cœur.
La majorité des enfants ne sont pas friands des champignons, mais quand on leur explique la valeur nutritive des shiitakes, ils veulent tout de suite les essayer. Le truc est de les inclure en les coupant très fin.

Truc:
Pour préparer les shiitakes, il faut d'abord enlever la queue qui est dure et non comestible.

shiitakes

« Je n'aime pas les champignons, sauf les shiitakes, parce qu'ils sont bons pour la santé.
- Maman, combien de shiitakes je dois manger pour ne jamais être malade? »
— Dahlia, 7 ans

POTAGE PATATI-PATATA

- 30 ml (2 c. à soupe) d'huile d'olive
- 2 gousses d'ail
- 1 poireau moyen, tranché en rondelles
- 1 l (4 tasses) de bouillon de poulet ou de légumes
- 3 pommes de terre moyennes, coupées en dés
- 1 petite patate douce coupée en dés
- 125 ml (½ tasse) de crème 35 %
- 55 g (½ tasse) de gruyère râpé
- 1 pincée de paprika
- Sel de mer et poivre fraîchement moulu

1. Chauffer l'huile dans une grande casserole et faire revenir l'ail et le poireau environ 2 minutes.

2. Ajouter le bouillon, les pommes de terre et la patate douce.

3. Porter à ébullition et laisser mijoter, de 10 à 12 minutes, ou jusqu'à ce que les pommes de terre soient bien cuites.

4. Passer la soupe au mélangeur, jusqu'à l'obtention d'une consistance lisse et veloutée.

5. Ajouter la crème, puis saler et poivrer, au goût.

6. Servir avec du gruyère râpé et décorer d'une touche de paprika.

✳Note : Il est bien connu maintenant que toutes les vertus nutritives de la pomme de terre se trouvent dans la pelure. Il est donc préférable de garder la pelure lorsqu'on les fait cuire, même si ça demande une certaine adaptation au niveau de l'esthétique. De plus, la partie verte que l'on retrouve parfois sur les pommes de terre nouvelles est le résultat d'une oxydation et cette partie est toxique. Il faut donc s'assurer de bien l'enlever.

Le poireau est anti-infectieux,
tonifiant et reminéralisant.
Le paprika commercial est sans odeur et sans
saveur mais, si vous achetez du paprika frais
et bio, vous découvrirez qu'il est savoureux et
qu'il rehausse bien les potages et les sauces.

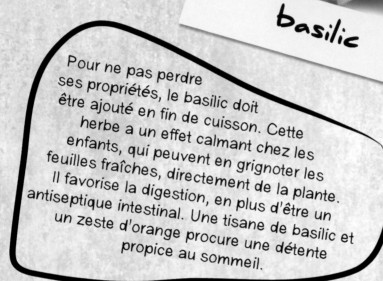

basilic

Pour ne pas perdre ses propriétés, le basilic doit être ajouté en fin de cuisson. Cette herbe a un effet calmant chez les enfants, qui peuvent en grignoter les feuilles fraîches, directement de la plante. Il favorise la digestion, en plus d'être un antiseptique intestinal. Une tisane de basilic et un zeste d'orange procure une détente propice au sommeil.

On appelle la coriandre «l'épice du Nord», car c'est la seule épice qu'il est possible de cultiver dans le climat nord-américain. Le plant est très généreux et donne à la fois des feuilles et des graines. En plus d'aider à éliminer les métaux lourds du système, la coriandre est un anti-stress par excellence et elle agit activement sur les processus de digestion, d'assimilation et d'élimination.

coriandre

TOM TOM SOUPE

- 30 ml (2 c. à soupe) d'huile d'olive
- 1 oignon moyen, émincé
- 2 gousses d'ail émincées
- 8 à 12 tomates fraîches, coupées en dés
- 250 ml (1 tasse) de jus de tomate
- 30 ml (2 c. à soupe) de pâte de tomate
- 500 ml (2 tasses) de bouillon de poulet ou de légumes
- 1 pincée de sucre
- 30 ml (2 c. à soupe) de basilic frais, émincé
- 250 ml (1 tasse) de crème 35 %
- 1 pincée de ciboulette fraîche, hachée
- Lanières de tortillas
- 15 ml (1 c. à soupe) de cheddar râpé
- Sel de mer et poivre fraîchement moulu

1. Chauffer l'huile dans une casserole et faire revenir l'oignon et l'ail environ 2 minutes.

2. Ajouter les tomates, le jus de tomate, la pâte de tomate, le bouillon et la pincée de sucre.

3. Porter à ébullition et laisser mijoter environ 15 minutes.

4. Passer au mélangeur jusqu'à l'obtention d'une consistance lisse et veloutée, et ajouter le basilic.

5. Laisser tiédir un moment, ajouter du sel et du poivre, au goût, puis la crème.

6. Servir avec des lanières de tortillas, du fromage cheddar râpé et une pincée de ciboulette fraîche hachée.

＊Note : On peut remplacer les tomates fraîches par 1 boîte (796 ml) de tomates entières. Dans ce cas, nul besoin d'ajouter la tasse de jus de tomate.

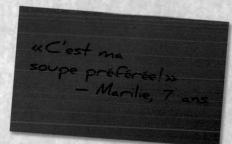

« C'est ma soupe préférée ! »
— Marilie, 7 ans

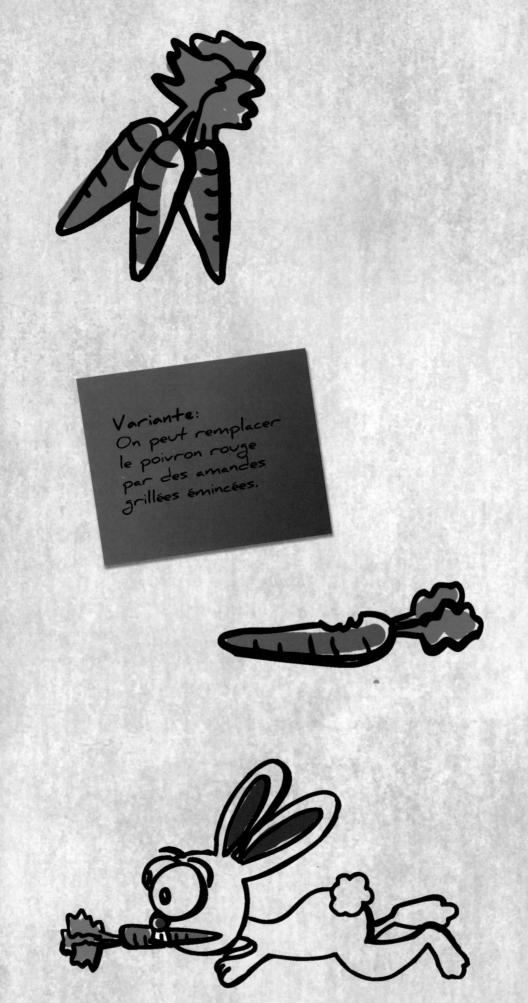

POTAGE PETIT LAPIN AUX CAROTTES

- 30 ml (2 c. à soupe) d'huile d'olive
- 5 ml (1 c. à thé) de curcuma
- 1 oignon haché
- 2 gousses d'ail émincées
- 1 l (4 tasses) de bouillon de poulet ou de légumes
- 7 carottes coupées en rondelles
- 5 ml (1 c. à thé) de coriandre moulue
- 125 ml (½ tasse) de crème 35 %
- 30 ml (2 c. à soupe) de coriandre fraîche, hachée
- 1 poivron rouge coupé en petits dés
- Sel de mer et poivre fraîchement moulu

1. Chauffer l'huile et le curcuma dans une grande casserole et faire revenir l'oignon et l'ail à feu moyen, pendant environ 1 minute.

2. Incorporer le bouillon et les carottes.

3. Porter à ébullition, puis diminuer le feu et laisser mijoter de 15 à 20 minutes, jusqu'à ce que les carottes soient bien cuites.

4. Éteindre le feu, ajouter la coriandre moulue et passer au mélangeur, jusqu'à l'obtention d'une consistance lisse et veloutée.

5. Ajouter la crème, puis saler et poivrer, au goût.

6. Décorer avec une pincée de coriandre fraîche émincée et quelques petits dés de poivron rouge.

✳Note : Le curcuma a besoin d'être dissous dans l'huile pour être absorbé par l'organisme. De plus, on a découvert que le poivre facilitait l'absorption du curcuma de façon considérable.

sarriette

La sarriette est antidiarrhéique et très stimulante. Elle est carminative, c'est-à-dire qu'elle permet d'éviter les ballonnements, tout en chassant les flatulences.

Recette de grand-mère: Une tisane de sarriette en gargarisme soulage les maux de gorge.

Variante:
On peut ajouter 250 ml (1 tasse) de jus de tomate et/ou 225 g (½ lb) de poulet coupé en dés mais si on ajoute de la viande, il faut aussi rajouter 250 ml (½ lb) de bouillon.

SOUPE MAGIEMOTS

- 30 ml (2 c. à soupe) d'huile de canola
- 1 oignon haché finement
- 2 gousses d'ail émincées
- 2 branches de céleri coupées en petits dés
- 1 carotte coupée en petits dés
- 1 ¼ l (5 tasses) de bouillon de poulet
- 112 g (½ tasse) de pâtes alphabet
- 56 g (¼ de tasse) de lentilles rouges
- 1 branche de sarriette fraîche ou 5 ml (1 c. à thé) de sarriette séchée
- 112 g (½ tasse) de petits pois congelés
- Sel de mer et poivre fraîchement moulu

1. Chauffer l'huile dans une casserole et faire revenir l'oignon, l'ail, le céleri et les carottes, environ 2 minutes.

2. Ajouter le bouillon, les pâtes, les lentilles et la sarriette et porter à ébullition, puis laisser mijoter à feu moyen environ 10 minutes.

3. Ajouter les petits pois, 2 minutes avant la fin de la cuisson.

4. Saler et poivrer au goût.

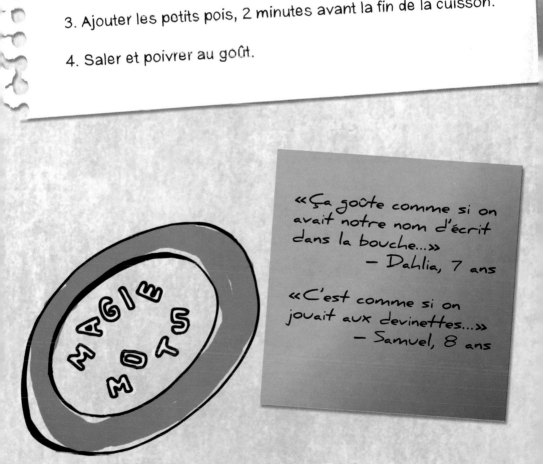

MAGIE MOTS

« Ça goûte comme si on avait notre nom d'écrit dans la bouche... »
— Dahlia, 7 ans

« C'est comme si on jouait aux devinettes... »
— Samuel, 8 ans

SOUPE D'ÉTOILES FILANTES

- 30 ml (2 c. à soupe) d'huile de canola
- 1 oignon moyen, émincé
- 2 gousses d'ail émincées
- 1 carotte coupée en dés
- 1 branche de céleri (avec les feuilles) coupée en dés
- 1 ½ l (6 tasses) de bouillon de poulet
- 112 g (½ tasse) de pâtes en forme d'étoiles
- 1 branche de thym frais ou 5 ml (1 c. à thé) de thym séché
- 112 g (½ tasse) de mini-maïs coupés en rondelles
- 225 g (½ lb) de poulet cuit, coupé en dés
- Sel de mer et poivre fraîchement moulu

1. Chauffer l'huile dans une casserole et faire revenir l'oignon et l'ail, environ 1 minute.

2. Ajouter la carotte et le céleri et faire revenir 2 minutes.

3. Ajouter le bouillon, porter à ébullition, puis ajouter les pâtes et le thym et laisser mijoter 7 minutes.

4. Incorporer le maïs et le poulet en fin de cuisson, ajouter du sel et du poivre, au goût.

5. Servir en laissant flotter sur la soupe des mini-croûtons en forme d'étoile.

✳Note : Le thym, comme le romarin et la sauge, est une herbe qui peut être incorporée en début de cuisson, et qui aromatise les plats, sans perdre ses propriétés.

« Est-ce qu'on peut faire un vœu ? »
— Béatrice, 5 ans

Truc :
Pour les croûtons en
forme d'étoile, faire
griller une tranche de pain
et en découper la mie à
l'aide d'un emporte-pièce
en forme d'étoile.

thym

Le thym est un des grands alliés du système immunitaire et un excellent moyen de prévention du rhume et de la grippe.

Recette de grand-mère:
Une tisane de thym apaise la toux, fait baisser la fièvre et facilite la guérison. On peut la servir avec 5 ml (1 c. à thé) de miel, pour soulager la gorge irritée.

PLATS PRINCIPAUX

MONSIEUR PIZZA

(pour 2 pizzas)

- 2 tortillas multigrains ou de blé entier
- 125 ml (½ tasse) de sauce tomate rapido (voir p. 43)
- 1 branche d'origan frais ou 5 ml (1 c. à thé) d'origan séché
- 12 tranches de saucisson au choix
- 110 g (1 tasse) de fromage mozzarella râpé

1. Chauffer le four à 450 °F (220 °C).

2. Présenter les ingrédients séparément.

3. Chaque enfant prépare sa propre pizza.

4. On peut ajouter des légumes (poivrons, champignons, olives, etc.) selon leurs goûts.

5. Cuire au four environ 10 minutes, jusqu'à ce que le fromage soit fondu et terminer la cuisson sous le gril jusqu'à ce qu'il soit bien doré.

✳ Note : Un mélange de fromage comme le romano/mozzarella ou le cheddar/mozzarella est plus goûteux et le fromage, en fondant, devient moins élastique que le mozzarella seul.

L'origan détend le système nerveux, ce qui est excellent pour calmer les enfants agités. Il a les mêmes propriétés que la marjolaine, mais il est plus efficace comme sédatif.

SPAGHETTINI BOULETTES

Ingrédients pour les boulettes

- 450 g (1 lb) d'un mélange de viande d'agneau, de veau et de porc hachée
- 2 gousses d'ail émincées
- 1 petit oignon haché finement
- 45 ml (3 c. à soupe) de persil italien, haché finement
- 45 ml (3 c. à soupe) de sauge (ou de romarin) hachée finement
- 1 œuf
- 60 ml (¼ de tasse) de chapelure
- 45 ml (3 c. à soupe) de fromage parmesan râpé
- 30 ml (2 c. à soupe) d'huile d'olive
- Sel de mer et poivre fraîchement moulu

1. Mélanger tous les ingrédients et façonner des petites boulettes.

2. Faire revenir les boulettes dans l'huile à feu moyen, de 3 à 5 minutes, jusqu'à ce qu'elles soient bien grillées et fermes.

3. Ajouter ensuite à la sauce tomate (voir p. 42).

4. Accompagner de légumes verts cuits à la vapeur. Servir sur des spaghettini *al dente* et saupoudrer de parmesan.

✳Note : Les boulettes se congèlent facilement en vue d'un autre repas ou pour les boîtes à lunch.

Trucs :
La meilleure façon de mélanger de la viande est d'utiliser ses mains.
Ma grand-mère coupait finement le persil avec des ciseaux dans une tasse.

Le romarin est un spécialiste des reins qui agit aussi sur le foie tout en aidant à rétablir le pH. C'est un excellent tonique en cas de surmenage.

La sauge se marie très bien aux viandes, car elle facilite la digestion des gras. De plus, elle est stimulante, active les surrénales et aide à lutter contre les états dépressifs.

Ingrédients pour la sauce tomate
(si le temps manque, utiliser la sauce rapido)

- 30 ml (2 c. à soupe) d'huile d'olive
- 1 oignon haché finement
- 2 gousses d'ail émincées
- 1 boîte (796 ml) de tomates ou 8 tomates fraîches, coupées en dés
- 1 pot (660 ml) de coulis de tomate
- 4 feuilles de basilic frais ou 5 ml (1 c. à thé) de basilic séché
- Sel de mer et poivre fraîchement moulu

1. Faire revenir l'oignon et l'ail dans l'huile d'olive pendant environ 2 minutes.

2. Ajouter les tomates, le coulis, saler et poivrer, au goût et laisser mijoter de 5 à 10 minutes.

3. Ajouter le basilic frais en fin de cuisson.

SAUCE TOMATE RAPIDO

- 1 pot (660 ml) de coulis de tomate
- 2 gousses d'ail pressées
- 6 feuilles de basilic effilées
- Parmesan râpé, au goût
- Sel de mer et poivre fraîchement moulu

1. Verser le coulis dans une casserole, ajouter l'ail, du sel et du poivre.

2. Laisser mijoter 10 minutes à feu doux.

3. Ajouter le basilic à la toute fin et servir avec des pâtes au choix et du parmesan râpé.

✳ Note : Assurez–vous de toujours enlever le germe au centre de l'ail, car il est indigeste.

S'il y a de l'ail dans toutes les recettes de ce livre ou presque, c'est qu'il est, avec le thym, un des alliés numéro 1 du système immunitaire. Il prévient la grippe et les infections. En plus d'être antibactérien, il est antifongique, antiseptique et vermifuge.

Recette de grand-mère:
Pour faire disparaître les verrues, les frotter avec de l'ail tous les jours, pendant 2 à 3 semaines ou plus au besoin. Les verrues s'envolent et le traitement est beaucoup moins agressant que l'utilisation d'iode, surtout pour les enfants.

CÔTELETTES CARAMÉLISÉES ET RIZ D'ANNIE

- 12 à 16 côtelettes d'agneau

Ingrédients pour la marinade

- 30 ml (2 c. à soupe) de moutarde de Dijon
- 30 ml (2 c. à soupe) de miel
- 60 ml (¼ de tasse) de sauce à la menthe (optionnel)
- 2 gousses d'ail émincées
- Le jus d'un citron
- 8 feuilles de menthe fraîches, émincées
- Poivre fraîchement moulu

1. Préparer la marinade en mélangeant la moutarde et le miel, jusqu'à l'obtention d'une consistance uniforme.

2. Incorporer le jus de citron, la sauce à la menthe, l'ail et la menthe fraîche.

3. Laisser mariner les côtelettes dans un sac de plastique refermable à température de la pièce, le temps de préparer le riz d'Annie.

✳ Notes : On ne met jamais de sel dans la marinade et on assaisonne la viande au moment de la cuire.

S'ils n'en ont pas l'habitude, les enfants peuvent parfois être réticents à l'idée de manger des herbes.
N'hésitez pas à leur présenter la plante et à les inviter à mâchouiller des feuilles fraîches. Vous pouvez aussi faire une tisane avec des feuilles de menthe, y ajouter du miel et les inviter à boire le « thé » comme les grands. Ils vont adorer !

Ingrédients pour le riz d'Annie

- 30 ml (2 c. à soupe) d'huile d'olive
- 30 ml (2 c. à soupe) de beurre
- 75 g (1/3 de tasse) de vermicelles
- 210 g (1 tasse) de riz
- 500 ml (2 tasses) de bouillon de poulet

1. Faire fondre le beurre dans l'huile d'olive. Ajouter les vermicelles et faire revenir jusqu'à ce qu'ils soient bien dorés, de 2 à 3 minutes.

2. Ajouter le riz, bien mélanger et incorporer le bouillon chaud. Laisser mijoter à feu doux pendant 10 minutes et éteindre le feu.

3. Laisser reposer, le temps de faire griller les côtelottes sur le BBQ ou à feu vif dans une poêle à frire, de 2 à 3 minutes de chaque côté, selon l'épaisseur.

4. Servir avec un épi de maïs (en saison) et des haricots verts.

menthe

«Hum... Ça goûte sucré!»

— Béatrice, 5 ans.

La menthe facilite la digestion. Elle est aussi antiseptique, c'est-à-dire qu'elle protège des infections. Elle est calmante et analgésique. Voilà pourquoi une tisane à la menthe est toujours bienvenue à la fin du repas.

SAUMON À L'ÉRABLE DE NATH

- 400 g de filet de saumon sauvage avec la peau
- 60 ml (¼ de tasse) de sirop d'érable
- 15 ml (1 c. à soupe) de moutarde de Dijon

1. Bien mélanger le sirop d'érable et la moutarde de Dijon, jusqu'à l'obtention d'une consistance lisse.

2. Badigeonner le saumon avec ce mélange et déposer le poisson dans un plat allant au four ou sur une tôle à biscuits, à environ 15 cm du gril. Cuire à feu vif pendant environ 10 minutes.

3. Servir avec du riz basmati et des pois mange—tout cuits à la vapeur.

Quelle est la différence entre le Parmigiano Reggiano, le Pecorino Romano et le Grana Padano? Le Parmigiano Reggiano est un fromage à pâte cuite et pressée, qui est fabriqué avec du lait de vache et dont la saveur prononcée comporte un léger goût de noisettes.
Le Pecorino Romano est plus salé et fabriqué à partir de lait de brebis.
Le Grana Padano, dont le procédé de fabrication est très proche du Reggiano, est, à mon avis, moins goûteux.
Amusez le palais de vos enfants en testant les différentes saveurs, pour en apprécier les nuances et trouver celles qu'ils préfèrent.

Parmigiano Reggiano

ROUES DE TRACTEUR

- 1 paquet (400 g) de pâtes en forme de roue
- 30 ml (2 c. à soupe) d'huile de canola
- 1 oignon moyen, haché finement
- 2 gousses d'ail émincées
- 225 g (½ lb) de poulet cuit, coupé en cubes
- 250 ml (1 tasse) de crème 35 %
- 112 g (½ tasse) de petits pois surgelés
- 1 branche de thym frais ou 5 ml (1 c. à thé) de thym séché
- Parmesan râpé, au goût
- Sel de mer et poivre fraîchement moulu

1. Faire cuire les pâtes dans de l'eau bouillante salée, selon les directives indiquées sur le paquet.

2. Pendant ce temps, faire revenir l'oignon et l'ail dans l'huile à feu moyen, environ 2 minutes.

3. Ajouter le poulet, laisser cuire 1 minute, et incorporer la crème, les petits pois et le thym.

4. Saler et poivrer, au goût.

5. Ajouter les pâtes à la sauce, bien mélanger et saupoudrer de parmesan râpé. Servir avec des légumes verts cuits à la vapeur.

✳ Note : On peut varier la recette en utilisant d'autres pâtes amusantes comme les boucles ou les spirales. Les pâtes à la crème doivent être mangées tout de suite.

betteraves

La betterave est le garde du corps du système immunitaire ; en sa présence, aucun intrus n'ose s'aventurer. De plus, elle renferme une quantité appréciable de vitamine B9 (ou acide folique) nécessaire à la division cellulaire et à la synthèse des protéines. Les enfants aiment aussi la manger râpée en salade.

DÉLICIEUSES QUESADILLAS

- 2 tortillas multigrains ou de blé entier
- 15 ml (1 c. à soupe) de mayonnaise
- 225 g (½ lb) de poulet cuit, tranché
- 1 dizaine de feuilles d'épinard
- 1 tomate tranchée
- 55 g (½ tasse) de fromage râpé, au choix
- 15 ml (1 c. à soupe) d'huile d'olive

1. Étendre une bonne couche de mayonnaise sur chaque tortilla, ajouter ½ tasse de poulet sur une moitié de la surface, couvrir de feuilles d'épinards et de tranches de tomates. Saupoudrer le tout de fromage râpé et replier en forme de demi-lune.

2. Chauffer l'huile dans un poêlon et faire dorer la tortilla, de 1 à 1 ½ minute de chaque côté.

3. Couper en pointes et servir avec des betteraves crues, taillées en lanières et des tranches de concombre libanais.

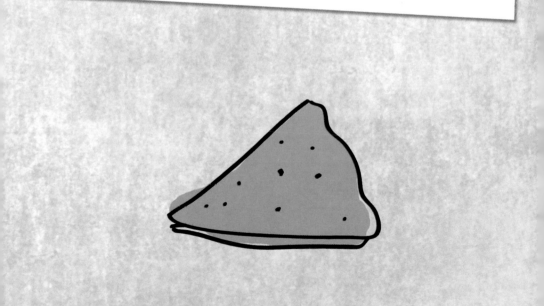

TRIO DE MACARONIS

AU FROMAGE

- 1 paquet (450 g) de macaronis
- 220 g (2 tasses) de fromage râpé, au choix
- 14 g ($^1/_4$ de tasse) ou moins de chapelure

Sauce

- 30 ml (2 c. à soupe) de beurre
- 30 ml (2 c. à soupe) de farine
- 625 ml (2 ½ tasses) de lait
- 10 ml (2 c. à thé) de moutarde de Dijon
- 110 g (1 tasse) de fromage râpé, au choix
- 1 pincée de muscade
- Sel de mer et poivre fraîchement moulu

1. Préchauffer le four à 400 °F (200 °C).

2. Faire cuire les macaronis dans de l'eau salée, selon les directives indiquées sur l'emballage.

3. Pendant ce temps, préparer la sauce. Dans une casserole, faire fondre le beurre, ajouter la farine et mélanger uniformément, en incorporant la moutarde.

4. Ajouter le lait graduellement en remuant constamment, jusqu'à l'obtention d'une consistance lisse et crémeuse. Ajouter 1 pincée de muscade.

5. Incorporer le fromage et mélanger jusqu'à ce qu'il soit bien lié à la sauce.

6. Saler et poivrer, au goût.

7. Égoutter les pâtes et les incorporer à la sauce au fromage. Bien mélanger et verser dans un plat à gratin.

8. Saupoudrer de chapelure et de fromage râpé.

9. Cuire au four pendant 10 minutes et poursuivre la cuisson sous le gril de 3 à 5 minutes, le temps de laisser gratiner le fromage.

AUX TOMATES

- 1 paquet (450 g) de macaronis
- 1 recette de sauce tomate de base (voir p. 42)
- Parmesan, au goût

1. Faire cuire les macaronis, les égoutter et les incorporer à la sauce tomate.

2. Saupoudrer de parmesan râpé et servir.

AU GRATIN

- 1 paquet (450 g) de macaronis
- 1 recette de sauce tomate de base (voir p. 42)
- 275 g (2 ½ tasses) de fromage râpé, au choix

1. Faire cuire les macaronis, les égoutter et les ajouter à la sauce.

2. Bien mélanger et mettre dans un plat allant au four. Garnir de fromage râpé et laisser gratiner jusqu'à ce que le fromage soit bien doré (environ de 3 à 5 minutes).

muscade

Traditionnellement, on utilisait la muscade pour enrayer les problèmes respiratoires et de rhumatisme.

CROCO-TINI TARA

- 1 paquet (450 g) de fusillis
- 30 ml (2 c. à soupe) d'huile d'olive
- 2 gousses d'ail émincées
- ¼ d'un gros oignon espagnol, tranché grossièrement
- 20 crevettes cuites, congelées (moyennes ou grosses)
- 450 g (2 tasses) de fleurs de brocoli
- 1 branche de romarin
- 1 tomate fraîche, coupée en dés
- 30 ml (2 c. à soupe) de coriandre fraîche, émincée
- 1 filet d'huile de sésame grillé
- Graines de sésame grillées
- Fleur de sel et poivre fraîchement moulu

1. Faire cuire les pâtes dans de l'eau bouillante salée, selon les directives indiquées sur le paquet.

2. Pendant ce temps, faire revenir l'ail, l'oignon, les crevettes et le brocoli dans l'huile d'olive à feu moyen, de 4 à 5 minutes. Éteindre le feu et ajouter la tomate. Couvrir et laisser reposer jusqu'à ce que les pâtes soient prêtes.

3. Ajouter les pâtes à la préparation de crevettes et de légumes, saler et poivrer, bien mélanger et servir aussitôt avec de la coriandre fraîche, 1 pincée de graines de sésame grillées et un filet d'huile de sésame grillé.

Les graines de sésame non décortiquées ont des propriétés antioxydantes et sont très riches en vitamine B ainsi qu'en minéraux dont le fer, le zinc et le calcium. Comme les graines ont tendance à rancir très vite, il est important de les conserver au frigo ou même au congélateur.

En plus d'être calmant, l'estragon est un très bon stimulant digestif qui prévient aussi les parasites intestinaux.

estragon

VOL-AU-VENT

- 4 vols-au-vent
- 30 ml (2 c. à soupe) d'huile de canola
- 1 oignon moyen, haché finement
- 2 gousses d'ail émincées
- 1 branche de céleri coupée en petits dés
- 1 carotte coupée en petits dés
- 112 g (½ tasse) de petits pois congelés
- 225 g (½ lb) de poulet cuit, coupé en dés
- 30 ml (2 c. à soupe) de beurre
- 30 ml (2 c. à soupe) de farine
- 500 ml (2 tasses) de lait
- 1 branche d'estragon frais ou 5 ml (1 c. à thé) d'estragon séché
- Sel de mer et poivre fraîchement moulu

1. Faire revenir les légumes dans l'huile pendant environ 5 minutes, incorporer le poulet et réserver.

2. Pour faire la béchamel : faire fondre le beurre et incorporer la farine pour créer une pâte homogène. Ajouter graduellement le lait en remuant constamment jusqu'à l'épaississement de la sauce. Incorporer la branche d'estragon dès le début pour que la saveur s'imprègne bien dans la sauce.

3. Incorporer la béchamel au mélange de légumes et au poulet. Bien mélanger et verser sur les vols-au-vent, préalablement chauffés au four quelques minutes, à 200 °F (100 °C).

MINI-QUICHES SANS CROÛTE

- 6 œufs bio
- 4 tranches de jambon cuit, coupées en petits cubes
- 60 ml (¼ de tasse) de crème 35 %
- 5 ml (1 c. à thé) de moutarde de Dijon
- 1 oignon vert (ou de la ciboulette), haché finement
- 110 g (1 tasse) de fromage gruyère râpé
- Fleur de sel et poivre fraîchement moulu
- Jus de citron
- Huile d'olive

1. Préchauffer le four à 350 °F (180 °C).

2. Mélanger tous les ingrédients jusqu'à une bonne consis-tance, puis remplir 12 moules à muffins jusqu'à la moitié.

3. Cuire au four entre 20 et 30 minutes, jusqu'à ce que le dessus soit doré.

4. Servir avec une salade de tomates et de concombre, assaisonnée d'huile d'olive, de jus de citron, de sel et de poivre.

✳ Note : Cette recette donne environ 12 mini-quiches sans croûte que vous pouvez aussi congeler et servir individuellement pour un repas de dépannage ou pour la boîte à lunch.

Variante:
on peut remplacer le jambon par 225 g (1 tasse) de bébés épinards frais et émincés ou encore 225 g (1 tasse) de saumon fumé et quelques brins d'aneth.

RIZ AUX SIX TRÉSORS

- 30 ml (2 c. à soupe) d'huile de canola
- 1 oignon coupé en quartiers
- 2 gousses d'ail coupées en lanières
-

Les six trésors

- 225 g (1 tasse) de chou vert (ou kale), émincé
- 1 carotte coupée en fins bâtonnets
- 6 à 8 shiitakes émincés
- 75 g ($\frac{1}{3}$ de tasse) de petits pois congelés
- 56 g ($\frac{1}{4}$ de tasse) de mini–maïs en tranches
- 75 g ($\frac{1}{3}$ de tasse) de châtaignes d'eau tranchées

- 450 g (2 tasses) de riz cuit
- 1 œuf
- 15 ml (1 c. à soupe) de tamari
- 2 cm de racine de gingembre râpée
- 1 filet d'huile de sésame grillé
- 1 oignon vert, coupé en rondelles
- Coriandre fraîche, hachée
- Graines de sésame grillées

1. Faire cuire le riz selon les directives indiquées sur l'emballage.

2. Faire revenir l'oignon et l'ail dans l'huile environ 1 minute. Ajouter le reste des légumes et faire sauter pendant environ 3 minutes.

3. Faire un espace au centre de la poêle, y casser l'œuf et le brouiller à l'aide d'une fourchette.

4. Mélanger l'œuf brouillé avec les légumes, incorporer le riz cuit, le tamari, le gingembre et bien mélanger.

5. Ajouter un filet d'huile de sésame grillé et garnir de graines de sésame grillées, de l'oignon vert émincé et de coriandre.

6. Servir avec des tomates cerises coupées en deux.

Tamari ou sauce soya? Pourquoi est-il préférable d'utiliser de la sauce tamari plutôt que de la sauce soya? Le tamari est issu de la fermentation de fèves de soya, de sel marin et d'eau pure, pendant 12 à 18 mois.

Plusieurs sauces soya sur le marché sont fabriquées de façon artificielle. On y ajoute aussi du blé, du sel, du sucre, du benzoate de sodium, de l'acide citrique et du colorant caramel (comme dans les colas), un composé considéré depuis plusieurs années comme étant cancérigène.

Le kuzu est extrait d'une racine d'origine asiatique et protège le système immunitaire grâce à ses vertus anti–infectieuses. Il a aussi des propriétés hépatoprotectrices (qui protègent le foie) et antioxydantes. On l'utilise en cuisine pour épaissir les sauces de la même façon que la fécule de maïs, et on le trouve dans les magasins d'aliments naturels.
Le kuzu est utilisé en médecine chinoise depuis 2 500 ans.

NOUILLES COMIQUES

- 30 ml (2 c. à soupe) d'huile de canola
- 2 gousses d'ail émincées
- 1 oignon coupé finement
- 450 g (2 tasses) ou plus de légumes coupés en biseau
  (1 carotte, 1 branche de céleri, ½ tasse de brocoli,
  1 courgette jaune, ½ tasse de bok choy, de chou, de
  bette à carde et/ou d'épinards, etc.)
- 2 paquets de nouilles instantanées ramen
  (ne pas utiliser le sachet de bouillon)
- 250 ml (1 tasse) de bouillon refroidi
- 15 ml (1 c. à soupe) de kuzu (ou de fécule de maïs)
- 15 ml (1 c. à soupe) de tamari
- 50 g (½ tasse) de noix d'acajou
- 1 oignon vert, coupé en rondelles
- Feuilles de coriandre émincées

1. Couper tous les légumes.

2. Faire revenir l'ail et l'oignon dans l'huile pendant 1 minute,
ajouter tous les légumes, sauf les épinards, et faire sauter
pendant 5 minutes.

3. En même temps, faire cuire les nouilles ramen dans de
l'eau bouillante pendant 1 minute, les égoutter et réserver.

4. Diluer le kuzu (ou la fécule de maïs) dans le bouillon
refroidi et ajouter le tamari. Incorporer au mélange de
légumes et laisser épaissir la sauce à feu doux, pendant
environ 2 minutes.

5. Ajouter les noix d'acajou et les épinards. Mélanger et
servir dans un bol sur les nouilles ramen, avec 1 pincée
d'oignon vert et de coriandre.

✳ Note : En cas d'allergie, on peut remplacer les noix
d'acajou par des lanières de poulet cuit.

POULET RÔTI DU DIMANCHE

- 1 poulet bio
- 1 branche de céleri coupée en lanières
- 4 pommes de terre coupées en petits quartiers
- 2 carottes coupées en lanières
- 2 oignons coupés en quartiers
- 60 ml (¼ de tasse) d'huile d'olive
- 450 g (2 tasses) d'herbes variées, émincées
- Quelques carrés de beurre
- 4 à 8 gousses d'ail non épluchées
- 500 ml (2 tasses) d'eau
- Sel de mer et poivre fraîchement moulu

1. Préchauffer le four à 425 °F (220 °C).

2. Laver le poulet et le placer dans un plat allant au four.

3. Saler et poivrer l'intérieur du poulet et y insérer le céleri, 1 carotte et 1 oignon.

4. Verser l'huile d'olive sur le poulet pour en recouvrir toute la surface. Saler et poivrer.

5. Couper quelques carrés de beurre et les placer stratégiquement sur le poulet (par ex., sur chaque cuisse, sur la poitrine, sur les ailes, etc.).

6. Couvrir le poulet du mélange d'herbes.

7. Verser l'eau dans le fond du plat et éparpiller les quartiers d'oignons et les gousses d'ail tout autour du poulet. Il faut calculer un temps de cuisson d'environ 1 heure par kilo.

8. Entre 30 et 45 minutes avant la fin de la cuisson, ajouter les pommes de terre et 1 carotte.

✳Notes : Il est parfois nécessaire de rajouter un peu d'eau en cours de cuisson.
Vous pourrez utiliser les restes du poulet pour plusieurs des recettes de ce livre, au cours de la semaine.

Pourquoi un poulet bio?
Plusieurs producteurs de poulet proposent des produits
dont la qualité laisse à désirer. Ils sont souvent piqués
aux hormones de croissance et aux antibiotiques, en plus
d'être nourris de sous–produits qui peuvent comprendre
des aliments transgéniques. Voilà pourquoi il serait
préférable d'opter pour un poulet bio, à moins de bien
connaître l'éthique et les procédés
de l'éleveur.

Truc:
Pour obtenir un poulet
bien tendre, il suffit
de l'arroser toutes les
30 minutes durant
la cuisson.

COLLATIONS

Truc:
Comment faire manger des légumes à vos enfants?

Généralement, les enfants préfèrent les légumes crus, ce qui est excellent. En effet, c'est lorsqu'ils sont crus qu'ils contiennent le plus de vitamines. Le fait de déposer une assiette de crudités sur la table avant chaque repas incite les enfants à les grignoter et c'est une façon tout simple d'inclure leurs portions quotidiennes de légumes dans leur alimentation.

Les poivrons rouges ont une remarquable teneur en vitamine C.

Il est intéressant d'utiliser la ciboulette ou l'oignon vert dans les entrées ou les collations, car elles stimulent l'appétit.

TREMPETTE ROSE

- 1 pot (175 g) de yogourt nature
- 30 ml (2 c. à soupe) de mayonnaise
- 15 ml (1 c. à soupe) de pâte de tomate
- 15 ml (1 c. à soupe) de ciboulette
- Fleur de sel et poivre fraîchement moulu

1. Mélanger tous les ingrédients et servir avec des crudités.

2. Laisser aller l'imagination selon les goûts pour le choix des crudités : céleri, carotte, mini-maïs, brocoli, poivron rouge, jaune ou orange, chou-fleur, mini-tomates, asperges crues, feuilles d'endive, radis, oignons verts, etc.

La trempette se garde au réfrigérateur environ quatre jours. On peut aussi en faire une demi-recette.

✳ Note : La pâte de tomate en tube est plus pratique. Il y a moins de perte et elle se garde plus longtemps.

HOUMOUS

- 1 boîte (398 ml) ou 2 tasses de pois chiches déjà cuits
- 2 gousses d'ail pressées
- 60 ml (¼ de tasse) d'huile d'olive extra–vierge, pressée à froid
- 30 ml (2 c. à soupe) de tahini
- Le jus de 1 ½ citron
- Fleur de sel, au goût

1. Passer tous les ingrédients au mélangeur, jusqu'à l'obtention d'une consistance lisse.

2. Servir avec des crudités comme des bâtonnets de céleri, de carottes, de concombre, de poivron rouge, de betterave ou autre, accompagnés de mini–pitas et/ou de croustilles de maïs.

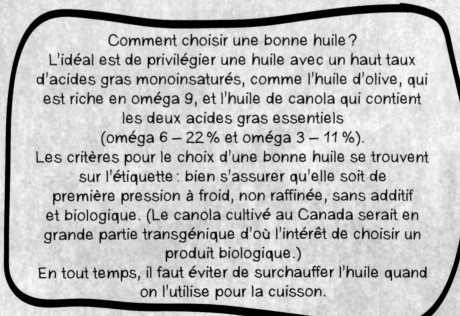

Comment choisir une bonne huile?
L'idéal est de privilégier une huile avec un haut taux d'acides gras monoinsaturés, comme l'huile d'olive, qui est riche en oméga 9, et l'huile de canola qui contient les deux acides gras essentiels (oméga 6 – 22 % et oméga 3 – 11 %).
Les critères pour le choix d'une bonne huile se trouvent sur l'étiquette : bien s'assurer qu'elle soit de première pression à froid, non raffinée, sans additif et biologique. (Le canola cultivé au Canada serait en grande partie transgénique d'où l'intérêt de choisir un produit biologique.)
En tout temps, il faut éviter de surchauffer l'huile quand on l'utilise pour la cuisson.

POPCORN AU CURCUMA

- 30 ml (2 c. à soupe) d'huile d'olive
- 225 g (1 tasse) de maïs à éclater
- 5 ml (1 c. à thé) de curcuma
- Fleur de sel

1. Faire chauffer l'huile à feu moyen.

2. Ajouter le maïs, puis le curcuma. Bien couvrir et laisser éclater le maïs (environ 3 minutes).

3. Servir avec un peu de fleur de sel.

La fleur de sel se forme à la surface des marais salants, lors de l'évaporation de l'eau sous l'action du soleil et du vent. La fleur de sel ne se ramasse pas, elle se cueille.

EDAMAMES À LA FLEUR DE SEL

- 1 paquet d'edamames bio congelés, non écossés
- Le jus d'une limette
- Fleur de sel

1. Faire bouillir de l'eau salée dans une grande casserole.

2. Faire cuire les edamames pendant 5 minutes.

3. Égoutter, arroser de jus de limette et saupoudrer de fleur de sel.

Il existe actuellement une controverse par rapport au soya et tous ses dérivés comme le tofu, selon laquelle il serait préférable de consommer le soya non transformé comme l'edamame, (nom japonais pour la fève de soya fraîche), ainsi que le tempeh et le miso qui sont des fermentations.

CÉLERI AU FROMAGE À LA CRÈME

- 8 branches de céleri
- 112 g (½ tasse) de fromage à la crème
- 5 ml (1 c. à thé) de feuilles d'aneth émincées ou 1 ml (¼ de c. à thé) d'aneth séché

1. Mélanger l'aneth et le fromage à la crème. Couper les branches de céleri en 4 et tartiner le mélange de fromage sur chacun des morceaux.

2. Servir en entrée avec des olives, des quartiers d'artichauts et de cœurs de palmier, coupés en tranches.

L'aneth est un allié du système digestif. Il agit sur la digestion lente, les maux d'estomac, les vomissements, les coliques et les gaz.

aneth

DESSERTS

CROUSTADE AUX POMMES DE MAMIE JEANNE

- 56 g (¼ de tasse) de beurre non salé
- 125 g (¾ de tasse) de sucre brut
- 450 g (2 tasses) de flocons d'avoine
- 30 g (¼ de tasse) de farine bio, non blanchie
- 450 g (2 tasses) de purée de pommes
- 1 pincée de sel

1. Préchauffer le four à 400 °F (200 °C).

2. Étendre uniformément la purée de pommes au fond d'un plat allant au four.

3. Mélanger tous les ingrédients secs avec le beurre et étendre le mélange sur la purée, puis cuire au four pendant 20 minutes.

✴ Note : Si vous faites cuire vos pommes vous–même pour la purée, ajoutez–y un peu de cannelle et de sirop d'érable, au goût.

Variante:
On peut aussi
60 g
noix de coco
mélangé

Les vertus de la pomme sont nombreuses. Voilà pourquoi on dit qu'« une pomme par jour éloigne le médecin pour toujours » !

FONDUE AU CHOCOLAT

- 1 barre de chocolat noir (70 % ou plus)
- fruits variés, coupés (bananes, pommes, fraises, quartiers d'orange, kiwis, framboises, ananas, etc.)

1. Faire fondre le chocolat dans une casserole à feu doux en remuant constamment, pendant environ 10 minutes.

2. Verser le chocolat dans des petits bols individuels et servir avec des tranches de fruits frais.

✳ Note : Pour les jours de fête, on peut ajouter des mini-guimauves et les faire fondre dans le chocolat.

PÊCHES DAHLIA

- 2 pêches bien mûres
- 60 ml (¼ de tasse) de sirop d'érable
- 60 ml (¼ de tasse) de crème fouettée
- 30 ml (2 c. à soupe) d'amandes effilées

1. Fouetter la crème, jusqu'à l'obtention d'une bonne consistance.

2. Couper les pêches en tranches et les disposer sur des assiettes de service.

3. Mouiller de sirop d'érable, ajouter 15 ml (1 c. à soupe) de crème fouettée et saupoudrer d'amandes effilées.

4. Servir avec des biscuits au gingembre.

SORBET AUX PETITS FRUITS À LA MENTHE

- 450 g (2 tasses) de petits fruits congelés
- 30 ml (2 c. à soupe) de sirop d'érable
- 4 feuilles de menthe

1. Passer les petits fruits au robot culinaire, tout en incorporant graduellement le sirop d'érable, jusqu'à l'obtention d'une consistance granitée. Mélanger pendant environ 5 minutes.

2. Servir immédiatement en décorant avec une feuille de menthe.

✳Note : Le sorbet ne se recongèle pas.

FRAISES AU CHOCOLAT

- 100 g de chocolat noir (70 % ou plus)
- 1 casseau de fraises

1. Dans une casserole, laisser fondre le chocolat à température minimale, jusqu'à l'obtention d'une consistance homogène.

2. Tremper les fraises une à une, en les tenant par la queue.

3. Les disposer sur un papier ciré et réfrigérer jusqu'à ce que le chocolat durcisse (environ 20 minutes).

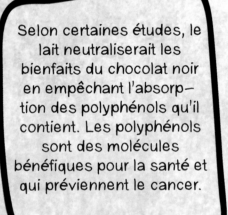

Selon certaines études, le lait neutraliserait les bienfaits du chocolat noir en empêchant l'absorption des polyphénols qu'il contient. Les polyphénols sont des molécules bénéfiques pour la santé et qui préviennent le cancer.

«C'est le traitement royal!»
— Marilie, 7 ans

La fraise a une haute
teneur en vitamine C,
elle a des propriétés
antioxydantes et comme
tous les petits fruits, elle
prévient le cancer et
aide à éliminer les
métaux lourds
du système.

CRÈME DE MARRONS AUX FRUITS FRAIS

- 60 ml (¼ de tasse) de crème 35 %
- 60 ml (¼ de tasse) de crème de marrons vanillée
- 450 g (2 tasses) de fruits variés tranchés
- 30 ml (2 c. à soupe) de noisettes effilées
- 4 feuilles de basilic

1. Fouetter la crème, jusqu'à l'obtention d'une bonne consistance.

2. Incorporer délicatement la crème de marrons et mélanger uniformément.

3. Disposer dans une coupe à dessert et couvrir de fruits frais.

4. Saupoudrer de noisettes et servir avec une feuille de basilic.

marrons

ANNEXES

CONSERVATION
DES HERBES

Pour conserver les herbes, faites—les sécher et gardez—les dans des pots ou bien hachez—les au robot. Ajoutez un filet d'huile d'olive et congelez—les dans des bacs à glace. Par la suite, les cubes de glace se conservent bien au congélateur, dans un sac de plastique refermable, et peuvent facilement être utilisés au besoin. Contrairement aux épices, les herbes ne peuvent être conservées plus d'une année, sans perdre leurs propriétés. Elles doivent garder leur couleur verte et sont périmées lorsqu'elles commencent à jaunir.

FAITES VOS PROPRES BOUQUETS D'HERBES

À la fin de l'été, récoltez les herbes de votre jardin (ou de votre balcon, si vous habitez en ville), nettoyez—les dehors et faites—les sécher par bouquet, la tête en bas, dans un endroit sec et sombre de préférence.

Lorsqu'elles sont bien séchées, retirez délicatement les feuilles et mélangez les variétés d'herbes selon vos goûts et ce que vous avez. Les herbes se conservent dans un pot de verre pendant un an, jusqu'à la prochaine récolte. Vous pouvez varier les saveurs en ajoutant des zestes de citron séchés, de la fleur de sel, des grains de coriandre ou de poivre moulu, etc.

Composition des herbes de Provence :

Thym, romarin, origan, sarriette, basilic

CONCLUSION

Bien nourrir son enfant est essentiel pour sa santé, mais encore faut—il protéger aussi son équilibre intérieur.
Comme le système nerveux régularise toutes les fonctions vitales du corps, en plus de traiter les pensées et les émotions, il est important de bien s'en occuper.
La naturopathe Céline Arsenault fait un travail exceptionnel dans le domaine des soins aux enfants. Elle a écrit plusieurs livres sur le sujet qui sont, à mon avis, des documents de référence essentiels.
Voici donc, en terminant, huit points importants qui contribuent à garder l'équilibre nerveux de l'enfant, issus de son livre *L'équilibre nerveux de mon enfant – Prévenir et corriger la nervosité et l'agitation par des soins naturels.*

8 FAÇONS SIMPLES

de contribuer à maintenir l'équilibre nerveux et émotif de son enfant

1. Un petit-déjeuner complet: incluant une source de protéines (fromage, beurre d'arachide, œufs, etc.). À éviter dans l'alimentation en général: les sucres raffinés, les additifs et les colorants artificiels, les boissons gazeuses, les gras trans, les céréales raffinées, sucrées et colorées, qui ont un effet dévastateur sur le système nerveux.

2. L'importance de jouer dehors tous les jours: le contact avec la nature et l'activité physique ont des effets bénéfiques et calmants sur le métabolisme des enfants.

3. À la maison: créez un environnement positif et une atmosphère calme.

4. Respectez la routine: les enfants ont besoin d'une routine et d'heures régulières de sommeil.

5. En famille: passez des moments de qualité ensemble. Soyez présents et prenez le temps d'écouter et de faire des activités significatives en famille.

6. Télé et jeux vidéo: une limite d'une ou deux heures par jour est conseillée. Selon l'Académie américaine de Pédiatrie, les enfants de deux ans et moins ne devraient pas regarder la télévision.

7. Antibiotiques: nous savons maintenant qu'un grand pourcentage de cellules immunitaires sont situées dans l'intestin. Après un traitement aux antibiotiques, il est important de donner des probiotiques (ex.: Bio-K) pour compenser la perte de bonnes bactéries présentes dans l'intestin.

8. Métaux lourds: les enfants sont plus sensibles que les adultes aux effets toxiques des polluants et des métaux lourds présents dans l'atmosphère. Attention à la quantité de produits toxiques, de nettoyage ou autre, que vous utilisez dans votre environnement.

BIBLIOGRAPHIE

ARSENAULT, Céline. *Accueillir mon enfant naturellement*, Québec, Éditions Le Dauphin Blanc, 2009.

ARSENAULT, Céline. *L'équilibre nerveux de mon enfant*, Loretteville, Éditions Le Dauphin Blanc, 2005.

ARSENAULT, Céline. *Soins à mon enfant*, Loretteville, Éditions Le Dauphin Blanc, 2003.

LABERGE, Danièle. *Le Guide Santé de votre armoire aux herbes*, Ham−Nord, L'Herbothèque inc., 1995.

BÉLIVEAU, Richard, et Denis GINGRAS. *Cuisinez avec les aliments contre le cancer*, Montréal, Éditions Trécarré, 2006.

FRAPPIER, Renée et Danielle GOSSELIN. *Le guide des bons gras*, Montréal, Les Éditions Maxam, 1999.

HOLT, Geraldene. *La cuisine du jardin aux herbes et aromates*, Paris, Éditions Albin Michel, 1990.

LAMBERT−LAGACÉE, Louise. *Comment nourrir son enfant*, Montréal, Éditions de L'Homme, 2007.

Quelques sites internet:

www.armoireauxherbes.com
www.herbotheque.com
www.celinearsenault.ca
www.garde−manger.qc.ca

L'auteure versera une partie de ses recettes au Garde–Manger
Pour Tous, organisme sans but lucratif qui sert quotidiennement
2 300 repas chauds à des enfants menacés par l'insécurité
alimentaire.

Fondé à Montréal, en 1985, le Garde–Manger Pour Tous a
pour mission de soulager la faim et d'assurer l'accès à une
saine alimentation, tout en favorisant l'autonomie des familles.
Cette mission s'accomplit également au moyen de la collecte
et de la distribution journalières de 2 500 kg de denrées
alimentaires, au sein d'un réseau constitué de 27 organismes
communautaires ; par la formation et l'accompagnement,
dans le cadre de programmes de réinsertion sociale et
professionnelle et, enfin, par l'organisation d'ateliers
en alimentation.

Pour obtenir de plus amples renseignements ou faire un don,
visitez le www.garde–manger.qc.ca.